Du CM2 à la 6e

10-11 ans

Léna l'étoile

2. Le cœur entre deux époques

Sophie Adriansen
autrice

Bénédicte Colin
professeure des écoles

Cet ouvrage est conforme à la nouvelle orthographe
www.orthographe-recommandee.info

MIXTE
Papier issu de sources responsables
FSC www.fsc.org FSC® C022030

Nathan est un éditeur qui s'engage pour la préservation de l'environnement et qui utilise du papier fabriqué à partir de bois provenant de forêts gérées de manière responsable.

Nathan

Présentation

→ **Je lis un récit d'aventures entrecoupé d'exercices de :**
français, maths, histoire, géographie, sciences.

→ **Je résous des exercices**
qui permettent de reconstituer l'histoire.

→ **Je vérifie ma réponse :**
- elle est juste → j'accède à la suite de l'histoire ;
- elle est fausse → le corrigé me guide pour refaire l'exercice.

→ **Je consulte le mémo en fin d'ouvrage,**
il m'explique la notion abordée dans l'exercice.

→ **Je regarde la table des matières (p. 94-95)**
pour connaitre tous les points du programme abordés dans les exercices.

→ **Je note les indices sur la page 93,**
un par chapitre, ils prouvent que l'enquête avance et que l'histoire est bien comprise.

Maquette intérieure : Julie Lannes
Composition : LINÉALE

Avec la participation de Hulu, The Walt Disney Company (France et Italie), Australian Broadcasting Corporation et France Télévisions. En coproduction avec Be-FILMS. En association avec Umedia et Ufund. Avec le soutien du Tax Shelter du gouvernement fédéral de Belgique et des investisseurs Tax Shelter. Avec la participation du CNC. Cofinancé par le programme Europe creative de l'Union européenne.
Bible littéraire « Léna, rêve d'étoile » de Jill Girling et Lori Mather. Réalisé par Randall Thorne et Matt Bloom.
Adapté des épisodes 14 à 26 saison 1, script original de Jill Girling et Lori Mather.

Les personnages principaux

Léna, née pour danser

Léna, Héléna Grisky de son vrai nom, est une princesse russe. Elle vit en 1905. Envoyée à Paris par ses parents qui souhaitent qu'elle apprenne l'élégance et la grâce à l'École de Danse de l'Opéra national de Paris, elle se découvre une passion pour la danse. Mais à cause du pendentif que lui a offert son petit ami Henri, elle se retrouve propulsée, à son insu, dans le groupe des élèves danseurs plus d'un siècle plus tard.

Henri, éternel amoureux

Le petit ami de Léna appartient à une famille qui voyage dans le temps depuis plusieurs générations. Mais Henri le découvrira malgré lui, lorsqu'il enverra sans le vouloir Léna dans le futur en lui offrant ce qu'il croit n'être qu'un simple pendentif.

Max, le mystérieux partenaire

Le passé de Maximus Alvarez est entouré de mystère : il semble qu'il n'ait suivi aucun cours de danse classique auparavant. Ses parents seraient morts dans un accident, lui laissant un important héritage. Petit ami de Théa, c'est aussi lui qui gère le Blok, le groupe secret de hip-hop.

Inès, la fidèle camarade

Moitié anglaise, moitié américaine, Inès Le Breton, passionnée de maths et très indépendante, est la camarade de chambre de Léna, et aussi sa meilleure amie.

Théa, la rivale

Dorothéa Raphael a remporté Dance Off, une célèbre émission de danse. Très populaire, Théa est suivie par de nombreux fans sur les réseaux sociaux. Sa mère, extrêmement autoritaire, a raté sa carrière de ballerine et reporte ses espoirs sur sa fille.

Jeff, le *street dancer*

Jeffrey Chase est arrivé à l'École un peu par hasard, en perdant un pari, et préfère le hip-hop à la danse classique. Il est un allié précieux pour Léna.

Dash, le passionné

Dash Khan danse pour Inès : le plus petit des danseurs en taille est fou amoureux de la jolie brune... et il aimerait que les professeurs lui prêtent davantage d'attention.

Les Collecteurs de Temps

Portant des habits étranges, Pinky, Clive et Frank, les Collecteurs de Temps, traversent les époques et sont prêts à tout pour retrouver Léna et lui voler son pendentif magique.

Précédemment...

Envoyée à notre époque à cause du pendentif que lui a offert son petit ami Henri en 1905, Léna a multiplié les efforts pour s'intégrer à l'École de Danse de l'Opéra national de Paris. Son talent lui attire la jalousie de Théa, sa rivale, mais c'est sans compter sur l'amitié d'Inès, de Jeff et de Dash, et surtout... sur les sentiments confus que Max et elle ressentent l'un pour l'autre. De son côté, Henri a réussi à ouvrir un portail temporel pour la ramener en 1905. Le soir du grand départ, Léna a embrassé Max avant de rejoindre Henri. Mais arrivée au rendez-vous, elle voit Henri disparaitre sous ses yeux, la laissant au XXIe siècle.

1

Princesse baroque

1

1905

Sur le pont, Henri a été in extremis attrapé par son père, qui l'a ramené en 1905.

– Je suis venu t'empêcher d'aggraver les choses, affirme Victor. Tu ne te rends pas compte de ce que tu as fait !

– Léna était juste à côté ! Tu aurais pu nous ramener tous les deux... réplique Henri.

Sauf qu'Henri a créé une faille temporelle impossible à annuler. Son père est obligé de détruire le portail qu'Henri a bâti avec les Collecteurs de Temps...

De nos jours

Contrairement à ce qui était prévu, Léna n'est pas retournée en 1905. Il va donc falloir qu'elle affronte la directrice de l'École de Danse de l'Opéra national de Paris, ainsi que Max, puisqu'elle a embrassé ce dernier en plein milieu du spectacle avant de fuir...

À la cafétéria, les élèves découvrent les articles du jour : toute la presse critique le spectacle. Léna va trouver Théa :

– Tu m'as volé la lettre d'Henri ! l'accuse-t-elle. Et tu t'en es servie pour prendre ma place à la dernière minute... Je me vengerai.

– Si jamais tu embrasses à nouveau mon petit copain, tu te réveilleras le lendemain au fin fond de la Russie, répond Théa.

Pendant ce temps, les Collecteurs constatent qu'ils sont coincés dans le futur. Et le portail ne fonctionne plus. Mais ils ont récupéré le pendentif de Léna... Ils remarquent d'ailleurs que la pierre est fêlée : la rumeur affirmant qu'elle a été coupée en deux est donc une réalité ! Ils doivent donc trouver l'autre moitié.

Max aperçoit Léna. Il ne l'a pas revue depuis le spectacle de la veille. Il imagine que c'est à cause du trac qu'elle l'a embrassé. Léna s'explique :

– Je n'ai pas eu le trac. Je t'ai embrassé parce que je pensais que je ne te reverrais plus jamais.

– Eh bah, c'est raté, on dirait ! fait Max avant de s'éloigner.

Léna est préoccupée par ce qui l'attend. Elle réfléchit à un plan pour s'excuser auprès de la directrice, Mademoiselle Carré.

– Tu ferais bien de te préparer au pire, lui conseille Inès.

La directrice arrive justement.

– Mademoiselle Grisky ? Dans mon bureau. Immédiatement.

Léna va-t-elle être renvoyée ?

Pour le découvrir, un peu de grammaire.

Dans cet extrait : « Mademoiselle Grisky ? Dans mon bureau. Immédiatement. », « immédiatement » est :

a. un verbe avec sa terminaison « ent »

b. un mot invariable

c. un nom masculin

Si tu as choisi a. → Lis le n° 8.

Si tu as choisi b. → Lis le n° 10.

Si tu as choisi c. → Lis le n° 11.

mémo 1

2

Tu t'es trompé(e), ce triangle n'a pas que deux côtés égaux. → Retourne à l'exercice du n° 10.

3

Tu t'es trompé(e), relis le mémo.

→ Recommence l'exercice du n° 4.

4

De nos jours

Léna est abattue par les derniers mots de Mademoiselle Carré.

– La seule façon de la faire changer d'avis, c'est de lui montrer qu'elle s'est trompée, affirme Inès.

Elle a raison. Justement, la directrice vient de demander aux élèves d'imaginer une nouvelle chorégraphie collective mélangeant deux époques et deux styles de danse. C'est l'occasion rêvée pour Léna de montrer son talent. Mais Mademoiselle Carré a interdit à Léna d'y participer.

Cependant, les élèves peinent à se mettre d'accord sur l'époque à mettre en scène dans leur chorégraphie. Mais Léna a soudain une idée. Elle se précipite dans les coulisses du Palais Garnier. Il faut à tout prix regagner la confiance de la directrice !

1905

Les Collecteurs ont réussi à rejoindre le passé. Ils enferment Victor dans une boucle temporelle pour pouvoir fouiller son bureau. Il faut qu'ils trouvent l'autre moitié de la pierre qui orne le pendentif !

Les Collecteurs vont-ils parvenir à leurs fins ?

Pour connaitre la suite de l'aventure, trouve la réponse à cette question.

Dans la phrase « Les Collecteurs ont réussi à rejoindre le passé et enferment Victor dans une boucle temporelle. », « dans une boucle temporelle » est un complément circonstanciel :

a. de temps
b. de lieu
c. de cause

Si tu as choisi a. → Lis le n° 9.
Si tu as choisi b. → Lis le n° 7.
Si tu as choisi c. → Lis le n° 3.

mémo 2

5

Tu t'es trompé(e), $\frac{2}{4}$ est bien égal à $\frac{1}{2}$. N'hésite pas à consulter le mémo pour vérifier ta réponse.

→ Retourne à l'exercice du n° 7.

6

C'est faux. Ce triangle n'a pas d'angle droit.

→ Recommence l'exercice du n° 10.

7

1905

En fouillant le bureau de Victor, Clive trouve par hasard une porte dérobée... Derrière se trouve la salle d'archives du père d'Henri. Les Collecteurs entreprennent de la fouiller méthodiquement afin de mettre la main sur la pierre. Clive découvre une lettre dans laquelle il est écrit que les deux moitiés de pierre ne doivent jamais être réunies et qu'une personne dénommée Alex détient la seconde pierre...

De nos jours

Léna a récupéré des costumes baroques pour elle et les danseurs de son groupe, Inès, Jeff et Dash. Ils les ont revêtus et ont mis au point une chorégraphie qu'ils présentent à Mademoiselle Carré. Max les admire, sous le

charme. La directrice l'est aussi.

– Ne vous avais-je pas demandé de travailler votre technique, Léna ? demande-t-elle pourtant. Toute seule ? Ne vous avisez plus de me désobéir.

Elle ordonne à Léna de la suivre dans son bureau.

– C'était magnifique. Et très inspiré, reconnait la directrice. Mais ne vous méprenez pas, mademoiselle Grisky, si vous défiez mon autorité encore une fois, vous serez renvoyée.

Léna tiendra-t-elle compte de ce dernier avertissement ?

Pour le savoir, réponds à cette question.

Les deux moitiés de pierre du pendentif ne doivent jamais être réunies.

Sais-tu comment représenter « une moitié » par des fractions ? **Barre l'égalité qui est fausse.**

a. $\frac{2}{10} = \frac{1}{2}$ b. $\frac{2}{4} = \frac{1}{2}$ c. $\frac{50}{100} = \frac{1}{2}$

Si tu as barré a. → Va au n° 15.

Si tu as barré b. → Va au n° 5.

Si tu as barré c. → Va au n° 13.

mémo 8

8

Tu t'es trompé(e), ce n'est pas un verbe. Pour t'aider, tu peux aller consulter le mémo.

→ Recommence l'exercice du n° 1.

9

Faux, ce complément ne répond pas à la question « quand ? ».

→ Retourne à l'exercice du n° 4.

10

De nos jours

– Ma décision est prise, déclare la directrice. Dès que je parviens à joindre votre tuteur, vous êtes renvoyée.

– Mais je n'ai aucun endroit où aller, sanglote Léna.

Dans sa dernière lettre, Henri lui a écrit que son pendentif la protègerait. Mais le bijou est entre les mains des Collecteurs... Léna se concentre sur un objectif plus urgent : faire changer Mademoiselle Carré d'avis. Pour ça, elle a décidé de lui offrir des cadeaux. Pendant qu'elle les prépare, Inès explique au reste du groupe que Léna va aggraver son cas.

– Elle mérite de se faire virer, persifle Théa. Un vrai danseur ne s'enfuirait pas en plein milieu d'un spectacle juste parce qu'il a le trac...

– C'était juste à cause du trac ? Tu es sûre, Théa ? demande Inès, qui sait que la manipulatrice a piégé Léna pour se venger de ne pas avoir eu le rôle de la fée.

Jeff, Dash et Max acceptent d'aider Léna.

– Ce sera sans moi, dit Théa.

Au même moment, en réparant le portail grâce au pendentif de Léna, les Collecteurs découvrent que celui-ci permet de créer une boucle temporelle. Ils décident de retourner en 1905 pour stopper Victor avant qu'il ne les arrête dans le futur.

À l'École, les quatre camarades tentent de plaider la cause de Léna auprès de la directrice :

– Depuis que Léna est arrivée, on s'est tous améliorés en tant que danseurs... dit Inès.

– Elle apporte un côté traditionnel qu'aucun de nous n'avait jamais vu avant, renchérit Max.

Leur discours terminé, ils cèdent la place à Léna et à... ses cadeaux : des origamis et des ananas. Léna présente ses excuses sincères à la directrice et promet de travailler dur à l'avenir.

– J'apprécie l'amour que vous portez à la danse, finit par dire Mademoiselle Carré. Vous pouvez rester. Mais je vous préviens : vous n'intégrerez jamais la Compagnie.

Comment Léna va-t-elle prouver à la directrice qu'elle peut être à la hauteur ?

Tu le sauras très vite en répondant à cette question.
Léna a offert un origami en forme de cœur à la directrice.

Cet origami est composé de 8 figures géométriques à 3 côtés égaux et 3 angles égaux. Ce sont :

a. des triangles isocèles
b. des triangles rectangles
c. des triangles équilatéraux

Si tu as choisi a. → Va au n° 2.
Si tu as choisi b. → Va au n° 6.
Si tu as choisi c. → Va au n° 4.

mémo 10

11

Faux, connais-tu bien les différentes classes grammaticales ? Si tu as un doute, lis le mémo.

→ Refais l'exercice du n° 1.

12

De nos jours

C'est l'heure du *flash-mob** ! Léna retourne dans sa chambre afin de retrouver son masque, qu'elle croyait avoir glissé dans son sac. Inès part devant. Le *flash-mob* a lieu devant la tour Eiffel. Il démarre à l'heure dite, sans Léna qui n'est toujours pas arrivée. Avec les costumes baroques et les masques que portent les danseurs, l'effet est spectaculaire. Le public adore...

Le spectacle terminé, un homme s'approche de Dash :

– Vous êtes l'un des danseurs masqués, n'est-ce pas ?

– Non, ment Dash.

– Dommage. Je cherche des talents pour une école de danse à Londres, et j'ai repéré un jeune qui faisait votre taille. Il se démarquait par rapport aux autres. Si jamais

---

* Rassemblement spontané et bref en public pour des représentations de danse, chant...

vous le croisez, vous pourriez peut-être lui faire passer ma carte...

Dash empoche la carte. Il peine à croire ce qu'il vient d'entendre...

Les danseurs rentrent à l'École.

– Où étais-tu passée ? demande Max à Léna, qui les attend dans le hall.

– Je n'ai pas trouvé mon masque, explique-t-elle. J'ai pourtant cherché partout.

Max et Léna posent alors les yeux sur le sac de Théa. On dirait qu'il contient... Mais oui ! Un masque ! Et c'est celui de Léna !

– Tu me l'as volé ? s'indigne Léna.

Théa fait l'innocente, mais pour Max, c'en est trop. Dès que Léna a tourné les talons, il s'adresse à Théa :

– Pourquoi tu as fait ça ? Je ne te reconnais plus... Nous deux, c'est fini.

– Attends... Je peux m'excuser auprès de Léna.

– Ce n'est pas la peine. C'est terminé.

Léna, elle, s'est réfugiée sur le toit. Elle en veut à Henri de l'avoir envoyée dans cette époque et de ne pas avoir de plan pour la sauver.

– Mes parents avaient raison : je serais mieux sans toi, écrit-elle.

Léna et Henri sont-ils en train de rompre ?

Tu le sauras très vite, quand tu auras répondu à cette question.

La tour Eiffel a été construite lors de l'industrialisation de la France à la fin du XIXe siècle.

a. VRAI **b.** FAUX

Si tu as choisi a. → Lis le n° 16.

Si tu as choisi b. → Lis le n° 14.

mémo 15

13

Ce n'est pas la bonne réponse. Lis le mémo.

→ Recommence l'exercice du n° 7.

14

Attention, tu t'es trompé(e).

→ Retourne à l'exercice du n° 12.

15

De nos jours

Léna et Henri s'écrivent de plus en plus régulièrement. Ils se racontent tout. Léna mentionne souvent Max. Celui-ci vient justement la chercher sur le toit :

– J'ai eu une super idée pour le Blok, annonce-t-il. Du hip-hop baroque ! Je pense qu'on devrait reprendre ta chorégraphie et la moderniser avec du hip-hop. Qu'est-ce que tu en dis ?

Léna et Max descendent au studio faire une première tentative.

– Si tu m'embrasses encore, il faudra à nouveau t'enfuir ! glisse Max à Léna entre deux mouvements.

Théa, qui est entrée dans la salle, les aperçoit... Le reste du groupe arrive et Max leur présente son idée, et propose qu'ils fassent un essai en pleine rue.

– N'oubliez pas vos masques ! précise Max. À tout à l'heure.

Léna remonte sur le toit poursuivre sa correspondance avec Henri. Celui-ci commence à être un peu jaloux de ce Max que Léna ne cesse de citer... Il promet qu'il ramènera bientôt Léna en 1905.

– Je ne t'en ai pas parlé parce que je ne voulais pas que tu t'inquiètes... ajoute-t-il. Mais tu es coincée dans une bulle temporelle. Cette bulle empêche tous ceux qui ne possèdent pas de pendentif d'y entrer ou d'en sortir...

– Quoi ?!

Léna fait appel aux compétences scientifiques d'Inès. Hélas, sa camarade n'y voit pas plus clair...

Léna va-t-elle rester coincée dans le présent pour toujours ?

Quelle aventure ! Mais avant de découvrir la suite, réponds à cette question.

Quelle idée a eu Max pour le Blok ?

Relis bien le paragraphe précédent et recopie ta réponse.

C'est ton PREMIER INDICE.

N'oublie pas de le noter sur ta page-indices, page 93.

Maintenant → lis la suite au n° 12.

16

Bravo ! Tu as choisi la bonne réponse.

→ Rends-toi au chapitre 2 pour découvrir la suite.

2 Secrets et trahisons

1

De nos jours

Léna ne parvient pas à croire qu'Henri et elle ont rompu. Elle est dévastée. Elle ignore que certains élèves murmurent que Max aurait craqué pour elle. Lorsque Léna fait son apparition dans le hall de l'École, Théa lui déclare froidement :

– Sache que je te déteste. Et que je compte bien te pourrir la vie.

– Ignore-la, conseille Inès à Léna.

Mais ce n'est pas si simple...

1905

Henri est retourné à l'atelier d'Oscar. Il espère que ce dernier trouvera une solution pour qu'il puisse rejoindre Léna et la convaincre de renoncer à rompre. Dans la remise, Henri trouve le prospectus d'un ballet. En photo, Léna dansant avec Max... Il doit agir !

De nos jours

Théa est euphorique, car une bloggeuse influente, LavD, a commenté une de ses photos sur un réseau social. Elle n'en oublie pas pour autant Léna : elle lui joue de mauvais tours tout au long de la journée. La directrice a prévu de faire travailler les élèves en duo. Comble de malchance, Léna et Théa doivent travailler ensemble.

– J'attends de vous une parfaite synchronisation, précise Mademoiselle Carré.

Mais Léna ne pense qu'à se venger de Théa. Elle modifie sa voix et laisse un message sur le répondeur de sa rivale en se faisant passer pour la fameuse LavD. En l'écoutant, Théa devient hystérique : la bloggeuse lui a donné rendez-vous dans le hall de l'École !

À l'heure dite, Théa est prête. De nombreux élèves sont venus assister à ce grand moment. Surprise : c'est Léna qui entre...

– Coucou ! C'est LavD, lance-t-elle en reprenant la même voix qu'un peu plus tôt.

Théa est folle de rage. Mais quelqu'un d'autre est en colère : la directrice, qui commence à en avoir assez des gamineries entre les deux filles.

– Puisque vous ne faites aucun effort pour améliorer la situation, je m'en charge, déclare-t-elle. Théa, tu t'installes dans la chambre de Léna et d'Inès dès ce soir.

Les deux rivales seront-elles capables de cohabiter ?

Pour le découvrir, trouve la bonne réponse.
Théa est euphorique. Quel est le synonyme d'« euphorique » ?

a. enjouée
b. désespérée
c. mécontente

Si tu as choisi a. → Lis le n° 7.
Si tu as choisi b. → Lis le n° 6.
Si tu as choisi c. → Lis le n° 8.

mémo 5

2

Tu t'es trompé(e). Tu peux consulter un atlas ou une carte de l'Europe. Sinon regarde le mémo.

→ Recommence l'exercice du n° 4.

3

Attention, tu t'es trompé(e). Tu as oublié qu'il y a une heure de décalage à prendre en compte dans le résultat final. Le décalage horaire est la différence d'horaire à un moment donné entre les différents lieux du globe. Il faut alors ajouter ou soustraire le nombre d'heures pour obtenir l'heure locale.

→ Retourne à l'exercice du n° 7.

4

De nos jours

À la fin de sa prestation, Ruben lance à Max :

– C'est ma revanche...

Les membres du Blok se sont fait voler leur chorégraphie.

– C'est qui, ce gars-là ? râle Jeff.

– Personne, répond Max. Il essaie juste de nous intimider. Il faut qu'on trouve une nouvelle chorégraphie.

Léna propose qu'ils s'inspirent de la danse classique. La surprise sera assurée ! Ils mettent au point une nouvelle chorégraphie à l'extérieur de l'entrepôt.

Un peu plus tard, masqués, les membres du Blok dévoilent leur danse, à la croisée du hip-hop et du classique. Léna tente un porté... et le réussit ! Malgré tout, El Barrio remporte la *battle*.

– Vous ferez mieux la prochaine fois ! lâche Ruben à Max.

Max lui répond en espagnol :

– **Ça fait longtemps que tu attends ça, hein ?**

– Tu as peur que tes amis découvrent tes secrets, *frérot* ? le provoque Ruben.

Pendant ce temps, à la cafétéria de l'École, Dash dine avec sa mère et son professeur. La mère de Dash aimerait que son fils arrête la danse et rentre en Angleterre.

– **Faire de la danse, c'est mon rêve de toujours, maman ! déclare Dash.**

C'est la première fois qu'Étienne l'entend avouer sa passion.

– Vous pourriez aussi bien danser en Angleterre, dit alors le professeur. À l'École du Ballet de Londres...

Étienne serait-il au courant que Dash est allé passer

l'audition ? Après le diner, le professeur lui avoue l'avoir testé sur sa motivation.

Dash va-t-il quitter l'École de Danse de l'Opéra national de Paris ?

Pour continuer, réponds à cette question.
Max parle en espagnol ! Sais-tu combien de pays, dont l'Espagne, sont membres de l'Union européenne de nos jours ?

a. 28 pays membres **b.** 30 pays membres

Si tu as choisi a. → Lis le n° 10.
Si tu as choisi b. → Lis le n° 2.

mémo 16

5

Ta réponse est fausse, as-tu lu le mémo ?

→ Recommence l'exercice du n° 7.

6

Attention, tu t'es trompé(e). Aide-toi du mémo.

→ Retourne à l'exercice du n° 1.

7

De nos jours

Dans sa nouvelle chambre, Théa se réveille en pleurs. Cette fois, Léna craint d'être allée trop loin.

– Il faut que j'arrange les choses, annonce-t-elle à Inès.

Elle s'est mis en tête de contacter la bloggeuse...

Pendant ce temps, dans la chambre des garçons, Dash feint d'être malade pour ne pas aller en cours. Dès que ses camarades sont sortis, il s'en va passer l'audition de l'École de Ballet de Londres.

Plus motivé que jamais, Dash fait l'admiration des juges avec son solo. Mais, juste avant l'épreuve de groupe, il tombe et se blesse...

Au studio, Léna et Théa n'ont pas commencé à répéter leur duo. Soudain, le portable de Théa retentit : c'est un message de LavD... la vraie, cette fois-ci ! Théa retrouve le sourire... et la motivation pour danser.

De retour à l'École, Dash confie son secret à Inès. Il en a assez que Max et Jeff aient toujours les meilleurs rôles. Voilà pourquoi il est prêt à quitter l'Opéra national de Paris. Mais lorsque Jeff et Max l'interrogent à leur tour, Dash invente qu'il s'est fait mal en glissant, sans rien dire de l'audition. Sauf que le prospectus de l'École du Ballet de Londres dépasse de son sac...

Dash pourra-t-il garder son projet secret encore longtemps ?

Pour le savoir, résous ce problème.

Si Dash veut passer une nouvelle audition, il doit se rendre en avion à Londres. Le voyage dure 0h54 min. S'il part à 10h57 de Paris, à quelle heure arrivera-t-il à Londres, sachant qu'il y a une heure de décalage horaire ? (Paris est en avance de 1 heure sur Londres.)

a. Heure d'arrivée à Londres : 11h51

b. Heure d'arrivée à Londres : 10h51

c. Heure d'arrivée à Londres : 12h51

Si tu as trouvé a. → Va au n° 3.

Si tu as trouvé b. → Va au n° 9.

Si tu as trouvé c. → Va au n° 5.

mémo 14

8

Ce n'est pas la bonne réponse.

→ Recommence l'exercice du n° 1.

9

De nos jours

Les membres du Blok reçoivent une invitation pour une *battle*... qui leur parait suspecte : un carton a été glissé dans un livre de cours.

– C'est toujours par SMS, d'habitude ! observe Dash.

Quelqu'un sait donc qu'ils sont élèves de l'École... Étienne, leur professeur, leur annonce qu'ils vont travailler un porté très technique. Léna doit s'entrainer, elle est la seule des danseuses à ne pas y arriver. L'examen aura lieu en fin de journée. À la demande du professeur, ses camarades lui donnent des conseils.

Inès joue les gardes-malades auprès de Dash. Elle lui confie une mission : occuper Étienne pendant que les membres du Blok iront à la *battle*...

1905

Henri retourne auprès du portail cassé. Mais les Collecteurs arrivent... Caché, Henri apprend que son père est enfermé dans une boucle temporelle. Il sort précipitamment de sa cachette et réussit à dérober le pendentif de Léna afin de délivrer Victor.

De nos jours

Pour couvrir ses camarades, Dash invite Étienne à diner avec sa mère, qui doit passer le voir. Au même moment, le Blok arrive dans l'entrepôt où la *battle* va avoir lieu... Léna n'a pas eu le temps d'améliorer son porté.

– Ne l'essaie pas ici ! lui recommande Inès. Ce serait la honte de ne pas y arriver devant tous ces danseurs.

Le groupe « El Barrio » entre en piste. Leur chef, Ruben, semble défier Max du regard. Stupeur : le groupe entame... la chorégraphie baroque de Max et Léna !

Qui a trahi l'équipe du Blok ?
Et qui est donc ce Ruben ?

Bien sûr, tu es pressé(e) de l'apprendre. Mais avant, tu dois répondre à une petite question.

As-tu retenu le nom du groupe concurrent et le nom de son chef ?

Recopie ta réponse.

C'est ton DEUXIÈME INDICE.

N'oublie pas de le noter sur ta page-indices, page 93.

Maintenant → lis la suite au n° 4.

10 

Bravo ! → Tu peux te rendre au chapitre 3.

3

Les revenants

1

De nos jours

C'est aujourd'hui que les élèves doivent rencontrer le chorégraphe du spectacle de fin d'année. Léna et Théa ambitionnent toutes les deux d'y décrocher un duo. Il va falloir faire bonne impression !

Au studio, les filles répètent lorsque la directrice arrive avec le chorégraphe : il s'agit du célèbre Armando Castillo, une légende ! Celui-ci observe chaque danseuse. Il s'intéresse particulièrement à Léna :

– Votre façon de danser a quelque chose d'ancien... Vous mêlez le romantique à l'académisme. C'est exactement ce que je recherche.

Repérée par Armando Castillo ! Léna est aux anges...

1905

De retour au Palais Garnier, Henri, qui a réussi à échapper aux Collecteurs, est interpellé par une jeune femme. Elle se présente : Francie Parks, du Bureau Temporel.

– Vous avez enfreint pas moins de trois articles du Code du Voyage Temporel. Je vous passe des menottes temporelles. Henri Duquet, vous êtes en état d'arrestation.

Henri tente de plaider sa cause :

– C'est involontaire, je ne savais rien ! J'ai offert un pendentif à ma petite amie, et tout ce que je veux, c'est la retrouver...

De nos jours

C'est au tour des garçons d'entrer dans le studio. Mais Max parait surpris en découvrant le chorégraphe. Celui-ci lui fait plusieurs remarques désagréables, auxquelles

Max répond sèchement. On dirait que tous deux se connaissent déjà...

– Pourquoi es-tu en colère ? demande Léna à Max dès qu'ils sortent du studio pour la pause.

– Parce qu'ils ont choisi... mon père.

Le père de Max n'est donc pas mort !?

Réponds à cette question avant de le découvrir.
« C'est involontaire, je ne savais rien ! » Le préfixe *-in* du radical « volontaire » indique le contraire. Quel préfixe faut-il ajouter au radical « mobile » pour faire de même ?

a. im **b.** in **c.** non

Si tu as choisi a. → Lis le n° 9.
Si tu as choisi b. → Lis le n° 5.
Si tu as choisi c. → Lis le n° 11.

mémo 6

2

Faux, aide-toi du mémo.
→ Recommence l'exercice du n° 4.

3

Bravo ! Tu as choisi la bonne réponse.
→ Tu peux te rendre au n° 12.

4

De nos jours

Avant de rejoindre le studio, Léna continue à défendre Max auprès de ses camarades :

– Il n'aurait pas dû nous mentir et il doit régler des choses avec son père, mais il a besoin de notre soutien à tous ! Et c'est notre ami...

Armando Castillo fait justement son entrée. Il n'est pas seul :

– Aujourd'hui, je vais faire cours avec mon assistant, qui se trouve également être mon fils, annonce-t-il.

Surprise : il s'agit de Ruben ! C'est donc le frère de Max... et il connait l'existence du Blok. Les membres du groupe secret ont peur qu'il les dénonce à la directrice...

1905

À l'atelier, Victor et Oscar enseignent à Henri la façon dont s'utilise la montre magique. Il en aura besoin : désormais, les Collecteurs mais aussi Francie le recherchent...

De nos jours

Armando retrouve Max à la cafétéria.

– Je peux m'asseoir ? demande-t-il. J'aimerais déjeuner avec mon fils.

Max explose. Il reproche à son père d'avoir pris Ruben avec lui et de l'avoir envoyé lui, Max, en pension.

– Ruben est venu avec moi à New York parce que contrairement à toi, il n'a pas réussi à entrer à l'école Harrow de Londres. Ta mère était toujours en déplacement, elle ne pouvait pas s'occuper de lui... explique Armando. C'est moi qui ai convaincu ta mère

de te laisser venir à l'Opéra national de Paris. Écoute... Je suis ici pour apprendre à te connaitre.

Ruben les rejoint, mettant fin à la discussion. Max quitte la cafétéria.

Léna vient le retrouver. Elle a tout entendu. Il se confie à elle : ses parents ont adopté Ruben, un gamin des rues qui dansait génialement. Quand Ruben est venu voir Max à Harrow, il a déclenché une bagarre, et Max a voulu l'aider mais ça s'est mal terminé...

– Il y a des jours où c'est plus simple de faire comme si j'étais orphelin, conclut Max. Tu comprends ?

De son côté, Théa a découvert que Ruben était très populaire. Elle veut convaincre Dash, Inès et Jeff de quitter le Blok pour intégrer son *crew**...

* bande, équipe

Les amis vont-ils laisser tomber Max ?

Pour le savoir, entoure la bonne affirmation.
Pour communiquer rapidement de New York à Paris, on peut utiliser Internet. C'est un réseau fait d'infrastructures, composé de câbles sous-marins posés au fond des océans, ou fonctionnant par des ondes radio (wifi).

a. VRAI

b. FAUX

Si tu as entouré a. → Lis le n° 3.

Si tu as entouré b. → Lis le n° 2.

mémo 17

5

Faux, tu as fait une erreur. Tu ne peux pas mettre un *n* devant un *m*.

→ Retourne à l'exercice du n° 1.

6

De nos jours

Théa ne digère pas que Léna et Max se soient embrassés. Hélas, au studio, Armando demande aux élèves de travailler en duo, et Théa se retrouve associée à Léna. La guerre est déclarée...

Profitant d'une pause, Théa rédige un courrier pour Henri en imitant l'écriture de Léna...

1905

L'effet de la montre commence à se dissiper et les Collecteurs se réaniment peu à peu. Ils sont déterminés à retrouver Henri et à l'arrêter une bonne fois pour toutes. Celui-ci est en train de lire la lettre trouvée dans la cheminée : « J'ai un nouveau petit ami. C'est Max. On s'est embrassés... » Désespéré, Henri court à l'atelier annoncer à son père et à Oscar qu'il veut reconquérir Léna.

De nos jours

Dans la cheminée, la réponse d'Henri attend Léna : « Merci de m'avoir tout avoué pour Max. Et pour le baiser. J'ai la montre magique et à la seconde où le portail s'ouvrira, je viendrai te chercher. On est des âmes sœurs. » Qui a prévenu Henri ? Ça ne peut être que Théa. Léna veut se venger... mais ce n'est pas son seul problème.

Entre Max et Henri, qui Léna va-t-elle choisir ?

Pour continuer l'histoire, réponds à cette question.
Henri possède la montre magique. S'il propose à Léna de venir la chercher dans 390 secondes, viendra-t-il dans :

a. 6 minutes 30 secondes ?
b. 6 heures 30 minutes ?
c. 39 minutes ?

Si tu as trouvé a. → Lis le n° 15.
Si tu as trouvé b. → Lis le n° 13.
Si tu as trouvé c. → Lis le n° 14.

mémo 13

7

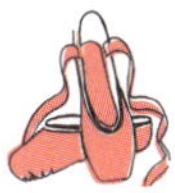

Tu t'es trompé(e). As-tu bien repéré la forme du verbe ? Pour t'aider, consulte le mémo.

→ Retourne à l'exercice du n° 12.

8

Tu t'es trompé(e), ce n'est pas le bon périmètre. Te souviens-tu de la formule du périmètre d'un rectangle ?

P = (2 × longueur) + (2 × largeur)

→ Recommence l'exercice du n° 9.

9

1905

Henri révèle à Francie que son père est coincé dans une boucle temporelle. Francie propose de libérer Victor en échange de la montre magique… Contre toute attente, Henri accepte.

De nos jours

Chez les danseurs et danseuses, c'est la consternation. Armando Castillo est le père de Max ? Tous deux sont sortis et s'expliquent dans la cour :

– Qu'est-ce que tu fais ici ? demande Max. Je t'ai déjà dit que je ne voulais pas vivre dans ton ombre !

– J'avais envie de prendre des nouvelles de mon fils…

– Depuis quand je t'intéresse ? claque Max avant de quitter la cour sans se retourner.

Léna le rattrape. Elle veut savoir pourquoi il a menti à propos de son père.

– Je te signale que toi aussi, tu as menti à tout le monde, *Elena Grandé*, lui fait remarquer Max. Et je ne t'ai pas fait passer d'interrogatoire, moi.

1905

Libéré grâce aux pouvoirs de Francie, Victor sort enfin de la boucle temporelle. Henri le retrouve dans son bureau. Secoué, Victor l'interroge sur cette mystérieuse Francie qui possède désormais la montre magique.

– Parce que tu crois vraiment qu'elle a la montre ? rigole Henri. Je lui en ai donné une fausse !

Pour le récompenser, Victor propose à Henri de lui apprendre à s'en servir...

De nos jours

Tout le monde en veut à Max d'avoir dit qu'il n'avait jamais pris de cours de danse alors qu'il est le fils d'un grand chorégraphe. Seule Léna défend Max... et son talent. Le reste de la bande décide de boycotter la prochaine répétition du Blok. Max est bel et bien mis à l'écart...

Laisseront-ils à Max une chance de s'expliquer ?

Tu ne tarderas pas à le savoir, après avoir répondu à cette question.

Armando Castillo et Max sont sortis dans la cour. Cette cour rectangulaire mesure 6 m de longueur et 4,75 m de largeur. Quel est son périmètre ?

a. 10,75 m

b. 21,5 m

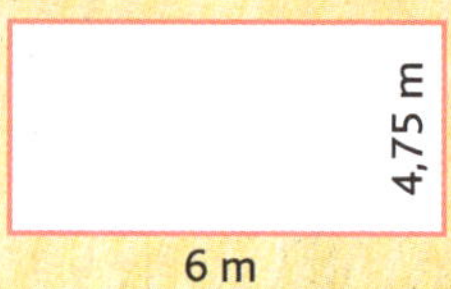

Si tu as trouvé a. → Va au n° 8.

Si tu as trouvé b. → Va au n° 4.

mémo 12

10

C'est faux, l'auxiliaire *avoir* n'est pas conjugué à l'imparfait.

→ Recommence l'exercice du n° 12.

11

Tu t'es trompé(e), lis le mémo.

→ Recommence l'exercice du n° 1.

12

1905

Henri prête le serment des voyageurs du temps. Il promet de réparer les dégâts qu'il a causés. Puis il quitte l'atelier d'Oscar. Mais il est rattrapé par les Collecteurs.

Il utilise alors la montre… et fige les trois garçons dans le temps.

De nos jours

Pour lui faire réaliser qu'avoir une famille est une chance, Léna emmène Max dans un lieu où certains jeunes sont des danseurs amateurs et proposent à Max… une *battle* !

Jeff, Inès, Théa et Dash ont suivi leurs camarades jusqu'à la maison de jeunes. Ils décident de relever tous ensemble le défi de la *battle*. Le Blok est reformé !

Mais quelqu'un d'autre a trouvé le chemin du lieu : Ruben. Et il menace Max :

– Sache que si je laisse ton Blok continuer à danser, c'est juste pour pouvoir vous détruire moi-même…

Max regarde Ruben s'éloigner. Puis il s'excuse auprès de ses amis :

– Écoutez, j'ai fait un truc vraiment stupide. Je n'aurais pas dû vous mentir...

Il s'isole ensuite avec Léna.

– Alors, lui demande-t-elle, tu es content de ne plus avoir à faire semblant d'être quelqu'un d'autre ?

– Pour tout le reste, c'était moi...

– Tant mieux. Parce qu'il me plait beaucoup, ce garçon-là...

Max et Léna se rapprochent... et s'embrassent. Théa les voit faire...

Comment Théa va-t-elle réagir à ce baiser ?

Avant de le découvrir, relis la phrase en rose dans le paragraphe de la page 48.

Le verbe est conjugué :

a. à l'imparfait

b. au plus-que-parfait

c. au passé composé

Si tu as choisi a. → Va au n° 7.

Si tu as choisi b. → Va au n° 10.

Si tu as choisi c. → Va au n° 6.

mémo 3

13

C'est faux, tu as fait une erreur de conversion, lis le mémo.

→ Retourne à l'exercice du n° 6.

14

Tu t'es trompé(e), as-tu lu le mémo ?

→ Recommence l'exercice du n° 6.

15

De nos jours

Léna fonce sur Théa :

– Comment tu as pu faire ça ? Écrire à Henri en te

faisant passer pour moi ! J'ai essayé d'être gentille avec toi, j'ai tout fait pour qu'on s'entende bien, mais c'est terminé, annonce-t-elle.

Et elle le prouve lorsque les duos se produisent devant le chorégraphe : elle ne fait rien pour aider sa partenaire. Résultat : Armando reproche à Théa son manque de concentration.

– Quant à toi, Léna... Nous avons devant nous une ballerine très prometteuse, déclare-t-il.

Léna monte prendre l'air sur le toit. Elle écrit à Henri que la précédente lettre n'était pas d'elle. Cette fois, elle trouve les mots pour lui parler de Max... et s'excuser. Elle est en pleine écriture lorsque Max apparait. Agacée d'être dérangée, Léna s'écrie :

– Va-t'en ! C'est mon endroit ici.

– Oui, je crois que c'est mieux... reconnait Max.

Et il s'en va.

Tout est-il déjà fini entre Léna et Max ?

Tu es pressé(e) de lire la suite... Mais avant, tu dois répondre à une petite question.

Selon Armando, qui sera une ballerine très prometteuse ?

Relis bien le paragraphe et trouve de qui il s'agit :

Théa ou Léna ?

Recopie ta réponse :

C'est ton TROISIÈME INDICE.

N'oublie pas de le noter sur ta page-indices, page 93.

Maintenant → lis la suite au chapitre 4.

4

Histoires de familles

1

De nos jours

Le Blok vient de recevoir un défi : poster une vidéo d'une chorégraphie d'ici la fin de la journée.

– Impossible ! fait remarquer Dash. On va au musée cet après-midi.

Personne n'a envie de déclarer forfait. Mais il faut déjà monter dans le bus : ils n'ont que quelques heures pour trouver une idée.

En arrivant au musée, Max décide d'écrire une lettre à Léna pour s'excuser de son comportement et l'inviter à sortir. Tandis que la visite commence, Léna a une idée : le Blok va danser au milieu des œuvres d'art, avec les masques blancs qu'elle a pensé à emporter.

La vidéo promet d'être originale et... artistique !

1905

En pleine rue, Henri est kidnappé par la princesse Alexandra, la mère de Léna, qui passe en calèche. Il est

bien obligé d'avouer qu'il a envoyé Léna dans le futur, et il évoque son père...

– Tu es donc le fils de Victor Duquet ? s'inquiète soudain la princesse.

Henri approuve. Pendant que la calèche prend la direction du Palais Garnier, la princesse s'empare du pendentif qu'Henri tient dans sa main. Les Collecteurs, postés sur le parvis, voient la calèche passer. Ils se souviennent de la lettre trouvée dans le bureau de Victor, dans laquelle il était écrit qu'« Alex » possédait un second pendentif avec l'autre moitié du cristal... Et si « Alex » n'était autre que la princesse Alexandra ?

De nos jours

Au musée, les chorégraphies s'enchainent. Léna entame la sienne mais s'interrompt, attirée par le portrait de deux princesses. Les élèves s'approchent. La ressemblance est évidente.

– C'est le moment le plus excitant de toute ma carrière ! déclare leur professeur. Être témoin de l'instant où une étudiante découvre un portrait de sa propre famille...

– C'est toi ?! demande Théa à Léna.

– C'est... mon arrière-arrière-grand-tante, répond Léna. On m'a appelée comme elle.

« Portrait de la princesse Alexandra de Russie et de sa fille la princesse Héléna Grisky. La jeune Héléna a disparu en 1905 et n'a jamais été retrouvée. Tableau donné par la famille Grisky. », lit-elle. Léna distingue un pendentif au cou de sa mère.

– Elle ne l'avait pas quand on a posé... affirme-t-elle à Inès.

La princesse Alexandra a-t-elle quelque chose à voir avec les voyages dans le temps ?

Avant de le savoir, un peu de sciences...

Le pendentif est en cristal. Le cristal est :

a. une matière organique

b. une matière minérale

Si tu as choisi a. → Lis le n° 7.

Si tu as choisi b. → Lis le n° 8.

mémo 18

2

Faux, ce ne sont pas des mots qui ont le même sens.
→ Recommence l'exercice du n° 6.

3

Ce n'est pas la bonne réponse. Sais-tu où se placent les dizièmes et les centièmes dans un nombre décimal ?
Aide-toi du mémo. → Refais l'exercice du n° 4.

4

De nos jours

Croyant avoir en face de lui la vraie Léna, Oscar parle ouvertement :

– Tu ne t'attendais pas à ce que ton médaillon soit un pendentif magique qui t'enverrait dans le futur, pas vrai ?

Théa joue la comédie à la perfection. Oscar lui donne une lettre de la princesse Alexandra.

– J'en étais sûre ! s'écrie Théa en la lisant. Tu es finie, Léna Grisky !

– Comment ça ? s'étonne Oscar. Qui êtes-vous ?

Mais Théa prend une photo de la lettre et s'enfuit en courant sans lui répondre...

Au même moment, à l'École, Armando veut faire répéter les solistes. Théa manque à l'appel.

– Pourquoi vous ne répéteriez pas avec Inès ? suggère Dash. Elle connait la chorégraphie par cœur.

– Bon... Montrez-moi ce que vous savez faire, Inès.

C'est l'occasion ou jamais pour Inès de prouver au chorégraphe qu'il s'est trompé !

Léna, qui a fini de répéter, ne tient plus. Elle se rend à l'atelier sans attendre Inès.

– Pardonnez-moi… Je m'appelle Léna Grisky et j'ai besoin de votre aide.

– Oh, non ! Je ne sais pas ce que toi et l'autre fille avez manigancé mais vous ne m'aurez pas, rétorque Oscar.

Léna n'est pas sûre de comprendre. De quelle autre fille parle-t-il ? Lorsqu'elle évoque Henri et les portails temporels, Oscar réalise qu'il s'agit de la véritable Léna…

– J'ai une lettre que tu devrais lire… dit-il.

Léna lit la lettre et quitte l'atelier en courant.

Appelée à l'aide par texto, Inès la rejoint dans un parc, devant une arche.

– Qu'y a-t-il ?

Léna lui raconte ce qui est écrit dans la lettre de sa mère : « Je ne t'ai jamais révélé mon secret car je pensais que tout était fini, mais si tu lis cette lettre, c'est qu'il s'est passé quelque chose. J'ai enterré mon pendentif à droite de l'arche. Il est à toi à présent. C'est ton destin, ma Léna adorée. »

Mais la terre a été creusée... et le pendentif n'est plus là.

Théa a récupéré le pendentif magique ! Que va-t-elle en faire ?

Pour le découvrir, entoure la bonne réponse.

Le chorégraphe a noté la performance d'Inès et de Léna. Inès a obtenu 14,75 points. Léna a eu 2 dixièmes et 3 centièmes de plus. **Quelle est sa note ?**

a. 14,98 **b.** 15,07

Si tu as entouré a. → Lis le n° 9.

Si tu as entouré b. → Lis le n° 3.

mémo 7

5

Tu t'es trompé(e), ce ne sont pas des mots de sens contraire. Lis le mémo.

→ Retourne à l'exercice du n° 6.

6

De nos jours

Inès propose à Léna d'utiliser un logiciel pour découvrir la signification des symboles gravés sur le pendentif que porte sa mère sur le tableau. Leurs recherches donnent une adresse : celle de l'atelier d'un certain Oscar.

Les filles projettent de s'y rendre. Mais elles doivent d'abord retourner au studio : le moment tant attendu de l'attribution des rôles pour le spectacle de fin d'année est enfin arrivé. Elles quittent leur chambre sans se douter que Théa y a caché un micro enregistreur...

Armando distribue les rôles : Théa et Dash obtiennent les solos, Léna et Max le duo, Jeff fait partie d'un trio. Inès, très déconcentrée ces derniers temps, dansera dans le corps de ballet. Quelle déception pour elle ! Les répétitions commencent par le duo. Théa en profite pour s'éclipser. Elle écoute l'enregistrement. Et si elle détenait la clé du mystère qui entoure Léna ? Elle décide d'aller à l'atelier sur-le-champ...

– Excusez-moi, commence-t-elle en entrant. Je cherche Oscar, est-ce que c'est vous ? Je suis Léna Grisky.

Oscar va-t-il se laisser avoir par Théa ?

Pour lire la suite, trouve la bonne réponse.

Retrouve le mot en rose dans le paragraphe précédent.

« Fin » et « faim » sont des :

a. homonymes

b. synonymes

c. antonymes

Si tu as choisi a. → Va au n° 4.

Si tu as choisi b. → Va au n° 2.

Si tu as choisi c. → Va au n° 5.

mémo 5

7

Tu t'es trompé(e), lis le mémo.

→ Retourne à l'exercice du n° 1.

8

1905

Dans le bureau de Victor, le ton monte. La princesse Alexandra et le père d'Henri semblent très bien se connaitre. Alexandra reproche à Victor de ne pas avoir protégé le pendentif... Victor préfère qu'ils n'en parlent pas devant Henri. Les deux adultes passent dans la pièce voisine. Resté seul, Henri aperçoit, dépassant du sac d'Alexandra, le pendentif qu'elle lui avait pris ! Il s'en empare et s'enfuit.

De nos jours

Les élèves rentrent à l'École. Léna ne cesse de penser au portrait :

– Si le descriptif disait que je n'ai pas été retrouvée, c'est que je ne rentrerai jamais ? s'inquiète-t-elle auprès d'Inès.

– Comme tu n'es pas encore rentrée, le descriptif dit que tu n'as pas été retrouvée, explique la jeune scientifique. Mais une fois que tu seras rentrée, tout sera modifié : les livres d'histoire, les blogs, les sites internet...

Léna décide de se fier à la rationalité d'Inès. En attendant, elle est convoquée par leur professeur.

– Je suis un vrai passionné d'histoire, déclare-t-il. J'ai obtenu des informations sur le portrait de votre famille. Le pendentif que la princesse Alexandra porte autour du cou a été peint seulement une fois le portrait terminé. Apparemment, c'était une demande de la princesse suite à la disparition soudaine de sa fille. Et une fois le pendentif ajouté, la famille Grisky a fait don du tableau au musée. C'est étrange…

Léna est plus perplexe que jamais…

La mère de Léna serait donc également une voyageuse du temps ?

En effet, on peut se le demander. Mais d'abord, réponds à la question.

Qu'a fait la famille Grisky du tableau ?

- Elle l'a donné au musée.
- Elle l'a vendu au musée.

Recopie ta réponse.

C'est ton QUATRIÈME INDICE.

N'oublie pas de le noter sur ta page-indices, page 93.

Maintenant → Rends-toi au n° 6.

9

Bravo ! → Rends-toi au chapitre 5 pour lire la suite.

5

Maintenant ou jamais

1

De nos jours

À l'École, Max reçoit un message : grâce à la vidéo tournée au musée, le Blok est qualifié pour la finale de l'Euro Challenge !

– C'est quand ? demande Léna, ravie.

– Demain soir, répond Max, après la dernière répétition avant le spectacle.

Max est confiant : ils pourront enchainer les deux.

1905

Dans le bureau de Victor, la princesse Alexandra propose un échange : de l'argent contre le pendentif qu'Henri lui a repris. Mais Victor ne l'a pas. Il lui propose de se rendre chez Oscar. C'est là que tout le monde se donne rendez-vous.

Par une lettre, Henri prévient Léna que sa mère veut la ramener en Russie. En guise de réponse, Léna lui donne les informations pour retrouver le pendentif dont Théa s'est emparé. « Dans deux jours, le portail s'ouvrira », écrit Henri. Deux jours... Cela veut dire qu'il s'ouvrira au moment du spectacle !

De nos jours

Sur le balcon du Palais Garnier, Théa s'amuse avec son nouveau jouet : le pendentif. Elle presse le bouton à plusieurs reprises, figeant, ralentissant ou remontant le temps... et laisse passer l'heure du début de la répétition.

À quelques mètres de là, Armando demande aux élèves de se concentrer exclusivement sur le spectacle pendant 48 heures.

– Où est Théa ? s'étonne-t-il. C'est inacceptable. Inès, le solo est pour vous.

Inès jubile. Théa finit par arriver. Elle enrage en découvrant qu'on lui a retiré le solo :

– Tout ça, c'est de ta faute, dit-elle à Léna.

Quelle nouvelle vengeance Théa va-t-elle imaginer ?

Pour le savoir, tu dois d'abord trouver la réponse à cette question.

La hauteur du rideau de scène mesure 1 750 cm.

Convertis en mètres 1 750 cm.

a. 175 m

b. 17,5 m

c. 1,75 m

Si tu as choisi a. → Lis le n° 6.

Si tu as choisi b. → Lis le n° 9.

Si tu as choisi c. → Lis le n° 8.

mémo 11

2

Bravo ! Ce sont bien les verbes : *retrouvera, oublierai, sera*.

→ Va au n° 7.

3

Tu t'es trompé(e). Une minute est égale à 60 secondes.

→ Recommence ton calcul au n° 7.

4

De nos jours

Après un an passé dans le futur, le jour où le portail va s'ouvrir est enfin là. Et c'est aussi le jour du spectacle de fin d'année ! Sur la scène du Palais Garnier, Léna va trouver Max pour s'excuser. Elle craint d'avoir tout gâché... Mais Max la réconforte :

– Ça en valait la peine, assure-t-il.

Armando les trouve ensemble. Il s'en prend à Max :

– Danser en dehors de l'École... Pourquoi risques-tu ainsi ton avenir ?

– C'est parce qu'il veut être comme vous, intervient Léna. Vous avez pris les mêmes risques durant toute votre carrière. C'est l'exemple qu'il a eu.

Armando n'a pas le temps d'ajouter quoi que ce soit : la directrice fait son entrée. Les autres élèves accourent, au garde-à-vous.

– Puis-je savoir pourquoi vous retenez tous votre respiration ? commence Mademoiselle Carré. Je suis fière de vous tous. Ce soir, vous allez danser devant une salle remplie. Soyez brillants ! Et surtout, amusez-vous !

Les danseurs respirent à nouveau. Armando n'a rien dit pour le Blok !

1905

Les Collecteurs sont partis dans le futur mais ils ont pris soin de cadenasser le portail. Henri est coincé en 1905 ! Francie propose de l'aider : elle sait comment faire sauter les chaines...

De nos jours

Dans les coulisses du Palais Garnier, Léna et Inès se réconcilient.

– Je ne peux pas partir en sachant que tu es fâchée ! déclare Léna. Pardonne-moi, Inès.

– Léna, tu sais... Avant toi, je n'ai jamais eu de meilleure amie.

Le lever de rideau est dans une heure ! Mais alors qu'elle part se changer, Léna tombe sur l'un des Collecteurs.

Elle réussit à s'en débarrasser tant bien que mal et revient près de la scène… juste à temps : le rideau va se lever. Au moment d'entrer sur scène, Léna repère un pendentif au cou de Théa…

Léna récupèrera-t-elle le pendentif avant de repartir dans le passé ?

Tu es impatient(e) de le découvrir. Alors barre ce qui est faux.

« Les danseurs respirent à nouveau. » L'air :

a. est gazeux et invisible

b. c'est du vide

c. est constitué de matière

Si tu as barré a. → Lis le n° 13.

Si tu as barré b. → Lis le n° 14.

Si tu as barré c. → Lis le n° 10.

mémo 19

5

Tu t'es trompé(e), lis le mémo.

→ Recommence l'exercice du n° 9.

6

Tu t'es trompé(e), utilise un tableau de conversion dans le mémo.

→ Recommence l'exercice du n° 1.

7

De nos jours

C'est ce soir qu'aura lieu l'Euro Challenge. « Si on bat Ruben et El Barrio, on sera des légendes vivantes ! » dit Max. Dans sa chambre, Léna prépare déjà ses bagages.

De son côté, Théa est convoquée par la directrice :

– Théa, vous avez tout pour devenir une étoile, commence Mademoiselle Carré. Mais vous arrivez en retard, vous manquez les répétitions... C'est pourquoi j'ai décidé de vous retirer du spectacle. Vous ne monterez pas sur scène.

– Mademoiselle, ne faites pas ça, je vous en prie ! supplie Théa.

Mais la décision de la directrice est définitive.

Au studio, Armando annonce que l'après-midi de libre est remplacé par une ultime répétition. Il veut que tout soit fin prêt pour le spectacle de demain.

– On y passera la nuit s'il le faut ! affirme-t-il.

Les danseurs sont désemparés. Sortiront-ils à temps pour se rendre sur le lieu du challenge ? Léna les sauve :

– Je ne maitrise pas encore bien ce passage, mais ce n'est pas juste pour les autres. Laissez-les partir, et je resterai ici pour travailler, propose-t-elle à Armando.

– Très bien, dit le chorégraphe. Au travail, mademoiselle Grisky. Les autres, je vous veux en pleine forme demain matin.

1905

Dans l'atelier d'Oscar, Francie parvient à atteindre la montre qu'elle porte au poignet. Elle relance le temps à sa vitesse normale et part à la recherche d'Henri.

De nos jours

Resté seul avec Léna, Armando réclame des explications : pourquoi n'arrivait-elle pas à bien danser pendant les répétitions ? Léna panique-t-elle à l'approche du spectacle ? Ou y aurait-il un problème avec Max ?

– Ça concerne Max, confirme Léna, mais ce n'est pas ce que vous croyez.

– On ne bougera pas d'ici tant que vous ne m'aurez pas dit la vérité.

– J'aimerais pouvoir vous montrer à quel point Max est doué…

Et Léna montre à Armando la vidéo du Blok dansant au musée.

Léna vient de trahir le secret du Blok !
Comment va réagir Armando ?

Tu es pressé(e) de le savoir ? Pour cela, résous ce petit problème.

« Elle relance le temps à sa vitesse normale. »

Si la vitesse de la lumière est de 300 000 km/s, combien de kilomètres sont parcourus par la lumière en une minute ?

a. 18 000 000 km

b. 5 000 km

c. 30 000 000 km

Si tu as trouvé a. → Lis le n° 11.

Si tu as trouvé b. → Lis le n° 3.

Si tu as trouvé c. → Lis le n° 12.

mémo 9

8

Faux. Aide-toi du mémo pour revoir les unités de longueur.

→ Retourne à l'exercice du n° 1.

9

1905

Henri s'est rendu dans le parc et il fouille sous l'arche indiquée par Léna, cherchant en vain le pendentif.

– Tu m'as donné une fausse montre magique ! dit soudain une voix.

C'est Francie, du Bureau Temporel. Elle l'a retrouvé ! Henri la convainc de l'accompagner chez Oscar. À l'atelier, ils retrouvent Victor et la princesse Alexandra, déterminée à aller chercher sa fille. Henri utilise sa montre et ralentit le temps. C'est lui qui retrouvera Léna, et lui seul. Il prend la fuite…

De nos jours

Les répétitions des élèves se poursuivent sur la scène du Palais Garnier. Armando réclame la perfection. À la pause, les danseurs répètent pour le challenge.

Après cette journée intense, ils dinent tous ensemble. Léna entame un petit discours :

– Je suis devenue une meilleure danseuse et une meilleure personne grâce à vous tous. Merci. Je ne vous oublierai jamais, déclare-t-elle. Et demain, le challenge sera notre dernière chance de remettre Ruben à sa place.

– Notre dernière chance avant que tu disparaisses pour toujours, c'est ça ? intervient Théa.

– Quoi ? s'étonne Jeff. Comment ça ?

Théa va-t-elle tout révéler ?

Tu le sauras si tu trouves le nombre de verbes conjugués au futur dans le paragraphe que tu viens de lire (pages 77 et 78).

a. 2 **b.** 3

Si tu as choisi a. → Va au n° 5.

Si tu as choisi b. → Va au n° 2.

mémo 4

10

Attention, ça n'est pas la bonne réponse. Aide-toi du mémo.

→ Refais l'exercice du n° 4.

11

De nos jours

Les membres du Blok sont arrivés sur le lieu du challenge. Le groupe El Barrio, mené par Ruben, vient de faire une performance remarquée. C'est maintenant au Blok d'entrer en piste, mais Léna n'est toujours pas là. Ses amis ignorent qu'Armando, après avoir vu la vidéo, a ordonné à Léna de le conduire sur place en menaçant

de prévenir Mademoiselle Carré. Léna s'est alors enfuie et Armando lui a couru après...

Les danseurs s'avancent, portant leurs masques blancs. Léna arrive in extremis, met son masque et les rejoint. Et c'est parti ! Le public adore. Armando, dans l'ombre, assiste au spectacle...

– Les juges ont tranché, annonce une voix au micro. Le grand gagnant de l'Euro Challenge est... le Blok !

Les membres du groupe laissent éclater leur joie.

– Tout ça, c'est grâce à toi, dit Max à Léna. Tu as changé ma vie, tu sais...

Mais Léna n'ose plus affronter le regard de Max. Elle quitte la salle... Inès la rattrape dans le couloir.

– Qu'est-ce qu'il y a, Léna ?

– C'est un vrai cauchemar. Non seulement je m'en vais mais en plus, vous risquez de vous faire renvoyer par ma faute.

– Comment ça ?

– J'essayais d'arranger les choses entre Max et son père... mais je suis allée trop loin. Je lui ai parlé du Blok, avoue Léna.

– Comment as-tu pu faire ça ? s'étouffe Inès. Tu te rends compte que tu mets en danger notre avenir ? Ce n'est pas parce que tu rentres chez toi que ça te donne le droit de détruire notre vie à tous.

Léna parviendra-t-elle à arranger la situation ?

Tu le sauras rapidement si tu trouves le dernier indice.
Relis bien le paragraphe et trouve la réponse.
Qui découvre l'activité secrète des danseurs de l'Opéra national de Paris ?
Recopie ta réponse :

C'est ton CINQUIÈME INDICE.
N'oublie pas de le noter sur ta page-indices, page 93.
Maintenant → Lis la suite au n° 4.

12

C'est faux. Lis le mémo. → Refais l'exercice du n° 7.

13

Tu t'es trompé(e), aide-toi du mémo.

→ Recommence l'exercice du n° 4.

14

De nos jours

– C'est toi qui as volé le pendentif ! s'écrie Léna. Rends-le-moi tout de suite !

– Hors de question, la défie Théa.

Léna force Théa à le lui rendre et file sur scène, le pendentif autour du cou.

Pendant ce temps, Henri et Francie sont eux aussi arrivés au Palais Garnier. Francie se préoccupe des Collecteurs de Temps, qu'elle veut arrêter. Henri, depuis les coulisses, contemple Léna qui danse. Quelle beauté ! Il est subjugué. Le public également : à la fin du spectacle, tout le monde est debout et applaudit à tout rompre.

Léna et Max saluent puis se regardent... Irrésistiblement attirés, ils se penchent l'un vers l'autre pour s'embrasser. Henri ne peut supporter cette vision : il gèle le temps.

– Désolé, mon vieux... Léna est ma petite amie, murmure-t-il en prenant la place de Max sur scène.

Il fait repartir le temps juste pour Léna... et ils s'embrassent. Mais ce baiser déclenche des éclairs et des boules de feu en plein spectacle.

– Une fracture temporelle ! s'exclame Henri. Nos pendentifs sont trop puissants et ils sont trop près l'un de l'autre.

Léna enlève alors le sien et le lance vers les coulisses.

– J'espère que je fais le bon choix... dit-elle.

Ils s'enfuient tandis que la salle reprend vie. Derrière eux, la fracture commence à faiblir. Sur scène, Max ne comprend pas où a pu passer Léna. Théa, elle, en profite pour récupérer une fois de plus le pendentif resté au sol.

Pendant ce temps, Francie retrouve Frank et Pinky et leur passe des menottes temporelles ; elle va les ramener dans leur époque. Clive, de son côté, se dirige vers le portail et aperçoit Théa. Il se souvient de la consigne : « Capturer la fille et récupérer le pendentif. » Sans réaliser qu'il ne s'agit pas de Léna, il l'attrape... et Théa disparait avec lui par le portail.

Enfin, Léna et Henri rejoignent eux aussi le portail. Émue, Léna dit au revoir à Inès, Dash, Jeff et Max. Quand Henri ouvre le portail, un mur de briques apparait !

– On arrive trop tard... constate Henri.

Léna est désespérée :

– Qu'est-ce qu'on a fait ?

FIN

Bravo ! Puisque tu es allé(e) jusqu'au bout de cette aventure et de ses exercices, nous te proposons de nous envoyer, sur le site www.lenigme.com, la liste des indices que tu as reportés page 93 et tu pourras télécharger des surprises.

Mémo

Pour t'aider à faire tes exercices

Français

Maths

Histoire Géo

Sciences

Grammaire

1 Les mots invariables

Les mots invariables sont des mots qui s'écrivent toujours de la même manière. Ils ne s'accordent ni en genre ni en nombre. Il en existe plusieurs sortes :
– les prépositions (*à, par, pour, avec...*),
– les conjonctions de coordination (*mais, ou, et, donc, or, ni, car*),
– les adverbes (*demain, beaucoup, entièrement, gentiment...*).

2 Les compléments circonstanciels

• Le complément circonstanciel apporte des informations sur ce qui se passe. Il peut être supprimé ou déplacé dans la phrase. Celle-ci garde son sens.

• Il peut répondre à la question :

Où ? → *Léna danse sur le toit du Palais Garnier.*
(*sur le toit* : CC de lieu)

Quand ? → *Léna et Max ont rendez-vous cet après-midi.*
(*cet après-midi* : CC de temps)

Pour quelle raison ? → *Henri agit par amour.*
(*par amour* : CC de cause)

Conjugaison

3 Les temps du passé

Les temps du passé distinguent différents moments du passé.

• **L'imparfait** est un temps de l'indicatif utilisé pour décrire des situations dans le passé. Il exprime aussi des actions habituelles ou répétées.

Quand Léna était enfant, elle aimait déjà danser.

À l'exception du verbe *être*, pour conjuguer un verbe à l'imparfait, on le conjugue à la 1re personne du pluriel au présent, pour trouver son radical : *nous **dans**ons* → radical ***dans-***.

On ajoute les terminaisons à ce radical :
je dansais, tu dansais, elle dansait,
nous dansions, vous dansiez, ils dansaient.

• **Le passé composé** est un temps composé de l'indicatif. Il exprime une action terminée. Il est formé de l'auxiliaire *avoir* ou *être* au présent et du participe passé du verbe.

Léna a répété sa chorégraphie toute la nuit.

auxiliaire *avoir* + participe passé

Théa et Léna se sont réconciliées pour la représentation du ballet.

auxiliaire *être* + participe passé

• **Le plus-que-parfait** est un temps composé de l'indicatif, il exprime l'antériorité d'une action par rapport à une action passée. Il est construit avec l'auxiliaire *avoir* ou *être* à l'imparfait et le participe passé du verbe.

Théa avait raconté des mensonges à Max et Léna.

4 Le futur

Le futur est un temps de l'indicatif qui exprime une action qui n'a pas encore eu lieu.

Il est construit à partir du radical du verbe + les terminaisons : ***ai***, ***as***, ***a***, ***ons***, ***ez***, ***ont***.

je prendr + ai – tu dir + as – elle viendr + a – nous verr + ons –
vous pourr + ez – ils voudr + ont

Vocabulaire

5 Les synonymes, antonymes et homonymes

• **Les synonymes** sont des mots qui signifient la même chose ou ont un sens proche. Ils ont la même classe grammaticale.

nom → *l'affection / la tendresse*
verbe → *manger / déjeuner*
adjectif → *sérieux / raisonnable*

• **Les antonymes** sont des mots de même nature grammaticale ayant un sens contraire.

nom → *la beauté / la laideur*
verbe → *monter / descendre*
adjectif → *haut / bas*

- **Les homonymes** sont des mots qui se prononcent de la même façon mais qui ne s'écrivent pas toujours de la même manière. Ils n'ont pas le même sens.

  le vin (la boisson) / vingt (le nombre)
  le sang (liquide de notre corps) / cent (le nombre)

Parfois ils s'écrivent de la même manière, et c'est le contexte qui permet de savoir de quoi l'on parle.

Léna et Inès mangent une glace à la fraise (dessert glacé).
Théa vérifie son chignon dans la glace (miroir).

6 Les préfixes

Un préfixe est un groupe de lettres que l'on place **avant le radical** d'un mot. Il en modifie le sens.

Certains préfixes indiquent :

– le **contraire** (*il-, im-, in-, mal-...*) : *logique/illogique ; mobile/immobile ; intéressant/inintéressant ; heureux/malheureux* ;

– la **répétition** (*re-, ré-*) : *commencer/recommencer ; inscrire/réinscrire.*

Nombres / Calculs

7 La valeur des chiffres d'un nombre décimal

- Un nombre décimal a une partie entière et une partie décimale.

On peut écrire ce nombre dans un tableau de numération.

Partie entière					Partie décimale		
milliers	centaines	dizaines	unités		dixièmes	centièmes	millièmes
1	2	3	7	,	0	1	5

1 237 est la partie entière. « 3 » est son chiffre des dizaines.
015 est la partie décimale. « 5 » est son chiffre des millièmes.

- Pour ajouter 2 dixièmes et 3 centièmes à 15,31, on peut calculer mentalement : 15,31 + 0,2 = 15,51 ; 15,51 + 0,03 = 15,54

Pour poser une addition de nombres décimaux, il faut placer les unités sous les unités et les virgules sous les virgules.

$$\begin{array}{r} 15,31 \\ +\ \ 0,23 \\ \hline 15,54 \end{array}$$

8 Les fractions

numérateur → $\frac{1}{2}$ ← indique le nombre de parts que l'on prend
dénominateur → ← indique le nombre total de parts

Une fraction peut s'écrire de différentes façons :

$$\frac{1}{2} = \frac{2}{4} = \frac{5}{10} = \frac{50}{100} = \frac{500}{1\,000}$$

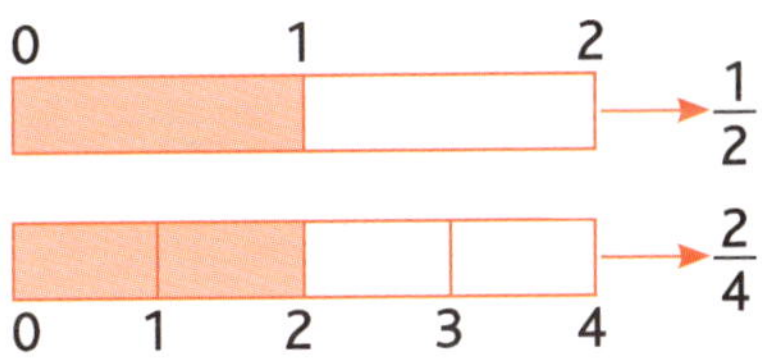

9 La proportionnalité

Dans une situation de proportionnalité, on peut mettre en relation les données dans un tableau qui facilite les calculs.

Une voiture roule à 70 km/h. Quelle distance parcourt-elle en 6 heures ?

Distance en km	70	140	210	280	350	420
Temps en h	1	2	3	4	5	6

On multiplie la distance parcourue en 1 heure (70 km) par le nombre d'heures (6). $70 \times 6 = 420$

En 6 heures, elle parcourt 420 km.

Attention, pour effectuer les calculs, il faut que les unités correspondent.

Mathématiques

Géométrie

10 Les triangles

Le triangle est une figure plane qui possède 3 côtés, 3 angles et 3 sommets.

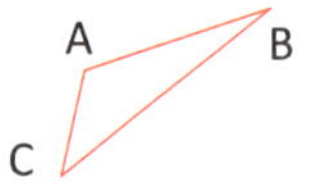

triangle quelconque

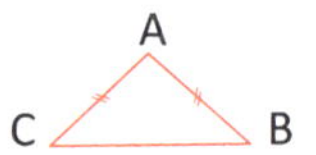

triangle isocèle

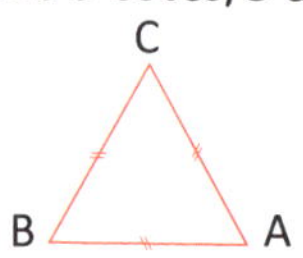

triangle équilatéral

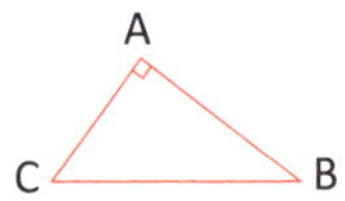

triangle rectangle

Mesures

11 Les unités de longueur

L'unité principale de mesure des longueurs est le **mètre** (m).
Les autres unités s'expriment à partir du mètre.

km	hm	dm	m	dm	cm	mm
		5	3	6	4	

5 364 cm = 53,64 m = 536,4 dm

12 Le périmètre

- Le périmètre d'un polygone est la longueur du tour de ce polygone. On le calcule en additionnant les longueurs des côtés.
- Périmètre d'un rectangle : P = (L × 2) + (l × 2)

13 Les unités de temps

- Pour mesurer des durées, on utilise différentes unités.
1 h = 60 min   1 min = 60 s   1 h = 3 600 s
- Pour passer des heures aux minutes, on multiplie par 60.
Pour passer des secondes aux minutes, on divise par 60.

14 Les durées

- Connaissant l'instant initial (le début) et une durée, on peut trouver l'instant final (la fin). Pour cela, on procède par additions successives.

Une danseuse de l'Opéra de Londres souhaite rendre visite à Dash. Elle part à 18 h 45, le vol dure 0 h 54 min. À quelle heure arrivera-t-elle à Paris sachant que Londres est en retard de 1 heure sur Paris ?

18 h 45 → (+ 15 min) 19 h 00 → (+ 39 min) 19 h 39 → (+ 1 h) 20 h 39   *Elle arrive à 20 h 39 à Paris.*

15 L'âge industriel en France

Au XIXe siècle, la France entre dans l'âge industriel. Les villes se transforment. De nouveaux quartiers sont construits. Des grandes rues sont aménagées. La métallurgie se développe. De nombreux édifices utiles comme les ponts sont construits en métal.
Dès que les techniques ont été maitrisées, les ingénieurs ont construit des monuments comme la tour Eiffel pour l'exposition universelle de Paris en 1889.

16 La construction européenne

- Après la Seconde Guerre mondiale, la construction européenne débute pour éviter une nouvelle guerre en Europe. Les premiers pays à se réconcilier sont la France et l'Allemagne.
- En 1957, le regroupement des pays était appelé la Communauté Économique Européenne (CEE) composée de 6 pays fondateurs : l'Allemagne, la Belgique, la France, l'Italie, le Luxembourg et les Pays-Bas. Puis en 1992, elle est devenue l'Union européenne (UE). Elle est passée de 6 pays au début à 28 pays depuis 2013.
En 2016, le Royaume-Uni a voté sa sortie de l'UE.
Le drapeau européen représente l'union et la solidarité entre les peuples d'Europe.

17 Communiquer grâce à Internet

Internet est un immense réseau qui connecte entre eux des ordinateurs du monde entier. Il permet d'échanger presque instantanément des informations. Celles-ci circulent entre les continents grâce à des câbles installés au fond des océans mais aussi grâce à des ondes relayées par des antennes ou des satellites.

18 La diversité des matières

• La matière est :
– soit non vivante comme les roches, l'eau et les métaux. C'est la matière **minérale** ;
– soit vivante comme les végétaux et les animaux. C'est la matière **organique**.

Les matières issues des êtres vivants sont organiques, comme le bois, la laine, le coton.

• Les matières qui existent telles quelles dans la nature comme le sable ou l'eau sont appelées des **matières naturelles**.

Les matières qui n'existent pas dans la nature et qui sont fabriquées par l'homme comme le plastique, l'acier, le papier, le verre, le carton sont appelées des **matières fabriquées**.

19 Les états de la matière : l'air

Il existe trois états de la matière : **liquide**, **solide** et **gazeux**.

L'air est de la matière. C'est un mélange de gaz. Il est incolore et inodore. Il permet l'existence de la vie. Il n'a pas de forme propre, il occupe l'espace disponible. Il peut changer d'état et devenir liquide selon les températures.

Page-indices

2. Le cœur entre deux époques

du CM2 à la 6e

Note ci-dessous les indices que tu as trouvés au cours de ta lecture.

Va vite te connecter sur le site

www.lenigme.com

pour nous envoyer tes indices, et tu pourras télécharger plein de cadeaux !

INDICE 1 ....

INDICE 2 ....

INDICE 3 ....

INDICE 4 ....

INDICE 5 ....

Bravo ! *Tu as trouvé tous les indices !*

Table des matières

N° d'éditeur : 10247256 – Mars 2019
Imprimé en Italie par BONA

L'ÉNIGME DES VACANCES

Choisis ton univers !

Historique · FANTASTIQUE · Policier · Aventure · FRISSON · Princesse

du CP au CE1

- Le voleur invisible
- Sophia, princesse de la mer 🎧
- Le mystère de la source 🎧
- Disparition au pays des poneys 🎧
- Panique chez les pandas

du CE1 au CE2

- La peur au bout de la laisse
- Mystère au cirque Alzared
- Attention ! Dauphins en danger
- Pas si désert que ça !
- Menace sur Madagascar
- Pirates en péril ! 🎧

du CE2 au CM1

- Le labyrinthe des dragons
- Les fantômes de Glamorgan
- La plage du Prince Blanc
- Le phare de la peur
- Montagne explosive !
- Menaces sur la finale de foot
- Planète dinosaures

du CM1 au CM2

- Le voleur de papyrus
- Le secret de la jungle
- Le sortilège des loups-garous
- Parfum de vacances
- La carrière interdite
- Mystère dans le bush australien
- Drôles d'époques ! 7 HISTOIRES

du CM2 à la 6ᵉ

- Le trésor des Templiers
- Panique à la Pop Academy
- La forêt de l'épouvante
- À la recherche de la cité perdue
- Eaux troubles à Venise
- Drôles de familles ! 7 HISTOIRES
- Léna rêve d'étoile
  T. 1 Rendez-vous à l'Opéra
  T. 2 Le cœur entre deux époques

de la 6ᵉ à la 5ᵉ

- Le secret du Titanic
- Drôle de trafic
- Complot chez les cordons-bleus
- The Refuge in Danger (en anglais) 🎧

de la 5ᵉ à la 4ᵉ

- Operation Blue Lagoon (en anglais) 🎧
- Chute mortelle au Mont-Saint-Michel
- The Captain is Missing! (en anglais) 🎧
- Le souffle de l'ange

de la 4ᵉ à la 3ᵉ

- Murder in West Park (en anglais) 🎧
- The Mark of the Vampire (en anglais) 🎧
- The Wizards' Night (en anglais) 🎧

🎧 Histoire à podcaster sur le site www.lenigme.com